AS 15 ORAÇÕES
DE SANTA BRÍGIDA
AO SALVADOR SOFRENDO

AS 15 ORAÇÕES
DE SANTA BRÍGIDA
AO SALVADOR SOFRENDO

Fons Sapientiae

São Paulo, 2024

Copyright © 2024 – Distribuidora Loyola de livros.

Fundador: Jair Canizela (*1941-†2016)
Diretor geral: Vitor Tavares
Diretor Editorial: Rogério Reis Bispo
Capa e diagramação: Claudio Tito Braghini Junior
Revisão: Maurício Pagotto Marsola

```
Dados Internacionais de Catalogação na Publicação (CIP)
       (Câmara Brasileira do Livro, SP, Brasil)

  As 15 orações de Santa Brígida ao salvador
  sofrendo. -- 1. ed. -- São Paulo : Edições
  Fons Sapientiae, 2024.

      Anônimo
      ISBN 978-65-86085-38-9

      1. Brígida, Santa, ca. 1303-1373 2. Orações -
  Coletâneas.

24-211312                                    CDD-248.32
```

Índices para catálogo sistemático:

1. Orações : Cristianismo   248.32

Edições *Fons Sapientiae* é um selo da
Distribuidora Loyola de Livros
Rua Lopes Coutinho, 74 – Belenzinho
03054-010 São Paulo – SP
www.fonssapientiae.com.br
T 55 11 3322 0100
F 55 11 4097 6487

Todos os direitos reservados. Nenhuma parte desta obra pode ser reproduzida ou transmitida por qualquer forma ou quaisquer meios (eletrônico ou mecânico, incluindo fotocópias e gravação) ou arquivada em qualquer sistema ou banco de dados sem permissão escrita.

DEVOÇÃO À AGONIA DE CRISTO

Oração a Jesus em agonia no Horto das Oliveiras.

Ó Jesus, que em Vosso imenso amor, e para vencer a dureza dos nossos corações, derramais uma torrente de graças sobre aqueles que meditam Vossa santa paixão e promovem sua devoção, suplico-Vos, ajudai-me a recordar, ao menos uma vez por dia, de Vossa duríssima agonia no Horto das Oliveiras, a fim de compadecer-me de Vós e unir-me convosco tanto quanto possível.

Ó bendito Jesus, que naquela noite assumistes o peso enorme de nossos pecados e os reparastes perfeitamente, concedei-me o imenso dom de uma contrição perfeita para com meus inúmeros pecados, pelos quais derramastes Vosso suor de sangue.

Ó bendito Jesus, por Vossa luta violentíssima no Horto de Getsêmani, concedei-me misericordiosamente a vitória definitiva sobre as tentações, principalmente sobre aquelas que mais me perturbam.

Ó Jesus padecente, por Vossas agonias indizíveis e insondáveis naquela noite da traição, por Vossas amargas angústias, iluminai-me, para que eu possa conhecer e cumprir Vossa vontade, e fazei que sempre de novo pense em Vossa luta tremenda e medite Vossa vitória a fim de cumprir a vontade do Pai e não a Vossa.

Sede bendito, ó Jesus, por todos os gemidos desta santa noite e pelas lágrimas que derramastes.

Sede bendito, dulcíssimo Jesus, repleto de imensa amargura, por Vossa oração, surgindo profundamente humana e divina do Vosso Coração trêmulo na agonia da morte!

Pai Eterno, ofereço-Vos todas as santas missas, passadas, presentes e futuras, unido com a sangrenta agonia de morte do Cristo no Horto de Getsêmani. Amém.

A PAIXÃO DE CRISTO CONFORME AS REVELAÇÕES DE SANTA BRÍGIDA

I
AS QUINZE ORAÇÕES DE SANTA BRÍGIDA AO CRISTO PADECENTE

1. A Paixão de Cristo, do Monte das Oliveiras até a coroação de espinhos

Ó Jesus, doçura eterna para aqueles que Vos amam, Amigo e Salvador dos pecadores, lembrai--Vos da aflição profunda, e mais íntima, que Vós padecestes quando se aproximou o momento da Vossa santa Paixão, determinado desde a eternidade. Vós que, tendo lavado os pés dos Vossos discípulos, dado a eles como alimento o Vosso Corpo e Sangue e os consolastes, repleto de aflição, testemunhastes: "Minha alma sente uma tristeza mortal" (Mt 14,34). Lembrai-Vos de todo o tormento e aflição que sofrestes antes da Vossa morte na cruz, quando após tripla oração e suor de sangue fostes traído por Vosso discípulo, preso por Vosso povo, acusado por falsas testemunhas, condenado injustamente por Vossos juízes, durante a festa da Páscoa na cidade de Jerusalém, fostes despido de Vossas vestes, batido, amarrado numa coluna, flagelado, coroado de espinhos e atormentado por outros inúmeros maus-tratos. Por esses sofrimentos, ó Senhor, meu Deus, concedei-me verdadeira contrição, digna reparação, assim como o perdão de todos os meus pecados.

Pai nosso... Ave Maria...

2. Cristo escarnecido por seus carrascos

Ó Jesus, alegria dos Anjos, lembrai-Vos da tristeza que suportastes quando todos os

Vossos inimigos Vos rodearam como leões furiosos e Vos bateram com os punhos e cuspiram em Vossa face. Por esses tormentos e pelas perversas palavras de ultraje com as quais os Vossos inimigos Vos afligiram, salvai-me, ó Senhor Jesus, de todos os meus inimigos visíveis e invisíveis, e fazei-me, sob Vossa proteção, alcançar a salvação eterna.

Pai nosso... Ave Maria...

3. *Crucificação de Cristo*

Ó Jesus, criador do mundo, que abrangeis em Vossa imensidão o céu e a terra, lembrai-Vos do sofrimento amargo que Vós padecestes quando os cruéis soldados transpassaram com pregos agudos Vossas mãos e Vossos pés, pregando-Vos na cruz. Sofrestes muitas dores ao terdes Vossos membros estirados com tanta violência, conforme o comprimento e a largura da cruz, a ponto de serem arrancados de suas articulações.

Por esse amaríssimo tormento na cruz, rogo-Vos que me concedas o santo temor e amor ao Vosso santo nome.

Pai nosso... Ave Maria...

4. A oração de Cristo pelos algozes que O crucificaram

Ó Jesus, médico celeste, lembrai-Vos da fraqueza mortal, das dores que Vós, elevado na cruz, suportastes em todos os Vossos membros feridos e dilacerados, assim como não houve dor igual à Vossa e não se encontrava nada de são em Vós da cabeça até as plantas dos pés; e como, assim mesmo, não reparando todos esses tormentos, rezastes por Vossos inimigos: "Pai, perdoa-lhes, pois não sabem o que fazem" (Lc 23,34). Por Vossa misericórdia, concedei-me que a lembrança de Vossa dolorosa Paixão alcance-me o pleno perdão de todos os meus pecados.

Pai nosso... Ave Maria...

5. A *misericórdia de Cristo para com os pecadores arrependidos*

Ó Jesus, espelho da eterna claridade, lembrai-Vos daquela aflição que importunou o Vosso coração, vendo à luz de Vossa sabedoria o feliz futuro dos escolhidos que, pelos méritos da Vossa Paixão, alcançam a salvação, mas também a tantos ateus, que por sua própria culpa se perderão. Pela insondável profundeza de Vossa misericórdia, na qual sentistes tão dolorosa compaixão por nós, pecadores errantes, e que demonstrastes ao ladrão arrependido, dizendo-lhe: "Em verdade vos digo, hoje mesmo estarás comigo no paraíso" (Lc 23,43), rogo-Vos que manifesteis misericórdia também para comigo, na hora da minha morte.

Pai nosso... Ave Maria...

6. *O testamento de Cristo na cruz*

Ó Jesus, rei e amigo das almas, Vós que unicamente sois digno de todo amor e desejo, lembrai-

-Vos daquela aflição sofrida por ver-se em nudez e miséria, pendendo na cruz, abandonado por todos os Vossos amigos, com exceção de vossa Mãe bem-amada, que estava ao Vosso lado na amargura da Sua alma e com santa fidelidade. A recomendastes ao discípulo amado, assim como também Vós o destes a ela como filho, dizendo: "Mulher, eis aí teu filho! Filho, eis aí tua mãe!" (Jo 19,27). Pela espada de dor que traspassou naquela hora a Sua alma, rogo-Vos, ó boníssimo Jesus, que em todas as tribulações do corpo e da alma, principalmente na hora da morte, me deis Vossa compaixão e Vosso consolo.

Pai nosso... Ave Maria...

7. Cristo tem sede

Ó Jesus, fonte de bondade inesgotável, que na cruz com mais profundo desejo dissestes: "Tenho sede!" (Jo 19,28) (pela salvação do gênero humano), inflamai em nossos corações o desejo pela prática das verdadeiras virtudes e exterminai em nós completamente a concupiscência da carne e todo amor desordenado dos prazeres e dos sentidos.

Pai nosso... Ave Maria...

8. *A bebida dada a Cristo*

Ó Jesus, doçura do coração e satisfação indelével das almas dedicadas a Vós! Pela amargura do vinagre e fel que provastes por mim, concedei-me que possa Vos receber dignamente na hora da minha morte para a salvação e consolação da minha alma.

Pai nosso... Ave Maria...

9. *O clamor de angústia de Cristo na cruz*

Ó Jesus, força dominante e júbilo da alma, lembrai-Vos da tortura e da aflição que sofrestes quando, ao aproximar-Vos da morte, bradastes com um grito forte: "Meu Deus, meu Deus, por que me abandonaste?" (Mc 15,34). Por este temor do aparente abandono, pelo qual nos redimistes do abandono eterno, rogo-Vos, Senhor, nosso Deus, que nunca me abandoneis em minhas aflições!

Pai nosso... Ave Maria...

10. *As muitas chagas de Cristo*

Ó Jesus, princípio e fim, força e vida, lembrai-Vos que, da cabeça aos pés, mergulhastes totalmente no mar da Paixão. Pela grandeza e profundidade de Vossas dolorosas chagas, ensinai-me, mergulhado em pecados, a observar os Vossos mandamentos em obediência amorosa!

Pai nosso... Ave Maria...

11. *As feridas profundas de Cristo*

Ó Jesus, abismo de profundíssima misericórdia, pela profundeza das feridas que traspassaram Vossos

ossos, rogo-Vos, retirai-me do abismo dos pecados e ocultai minha alma em Vossas santas chagas, não se mostrando à Vossa face irritada, pronta para castigar-me, a fim de que não me atinja a Vossa justiça!

Pai nosso... Ave Maria...

12. *As feridas sangrentas de Cristo*

Ó Jesus, imagem reluzente da verdade, sinal da união e elo do amor, lembrai-Vos das inúmeras feridas que cobriram todo o Vosso corpo e o banharam com Vosso preciosíssimo Sangue, lembrai-Vos das torturas inconcebíveis que por nós padecestes em Vosso corpo puríssimo. O que poderíeis fazer mais que já não fizestes?

Rogo-Vos, ó boníssimo Jesus, que escrevais com Vosso preciosíssimo Sangue em meu coração todas estas feridas, a fim de que nele possa sempre ler o Vosso sofrimento e a Vossa morte, e perseverar até o fim em fiel gratidão.

Pai nosso... Ave Maria...

13. Última angústia de Cristo

Ó Jesus, rei imortal e invencível, lembrai-Vos da angústia que sofrestes quando todas as forças do Vosso corpo desapareceram totalmente e, inclinando, a cabeça exclamastes: "Tudo está consumado!" (Jo 19,30). Por essa Vossa angústia de morte, tende compaixão de mim em minha hora derradeira, quando minha alma estiver aflita e meu espírito desanimado!

Pai nosso... Ave Maria...

14. A morte de Cristo

Ó Jesus, unigênito do Pai altíssimo e imagem da Sua sabedoria, lembrai-Vos de Vosso íntimo abandono no qual exclamastes: "Pai, em tuas mãos entrego meu espírito!". Por essa preciosa morte, rogo-Vos, ó rei dos santos, fortalecei-me na luta contra satanás, contra o mundo e contra a carne, a fim de que, morrendo para o mundo, viva para Vós e minha alma, voltando na hora da minha morte da sua peregrinação terrestre, seja por Vós recebida com amor misericordioso.

Pai nosso... Ave Maria...

15. *O último e total derramamento do Sangue de Cristo*

Ó Jesus, verdadeira e fértil videira, na qual estamos enxertados, lembrai-Vos daquele derramamento profuso do Vosso Sangue, que Vós derramastes como o suco da uva espremida quando do Vosso lado aberto pela lança fizestes brotar tão abundantemente sangue e água que não restou uma só gota de sangue em Vosso Corpo pendurado no alto da cruz. Por esse derramamento do Vosso Sangue fortalecei minha alma na última agonia da morte e fazei-a apresentar-se a Vós limpa de todas as manchas!

Pai nosso... Ave Maria...

Oração final

Ó Jesus, ouvi esta oração com aquele amor imenso com o qual suportastes por nós todas as feridas do Vosso santíssimo Corpo. Tende compaixão de mim e de todos aqueles carregados de pecados e concedei a todas as pessoas fiéis, tanto às vivas quanto às falecidas, graça, perdão e a vida eterna. Amém.

Alegremo-nos, pois participando agora da paixão de Jesus Cristo, na revelação da Sua glória, também iremos jubilar-nos e alegrar-nos. Amém.

Elevemos o coração para o Coração de Jesus, pois este é o coração que nos criou, e nos abraça em Seu infinito amor. Sem que possamos medir sua misericórdia, é Deus que nos dá a paz do coração. Digamos "sim" à voz de Deus, cumprir o santo dever do amor de Deus para com o próximo. Que amemos a recitação das orações de Santa Brígida e sejamos sempre filhos e filhas de nossa cuidadosa mãe, a santa Igreja Católica Apostólica Romana. Amém.

II
PROMESSAS DE SANTA BRÍGIDA

No dia 14 de junho de 1303, no momento do nascimento de Brígida, o pároco de Rasbo, na Suécia, estava rezando pela libertação de Ingeborg. De repente, viu-se rodeado de uma luz resplandecente na qual apareceu a Virgem-Maria e disse: "Em Birger nasceu uma menina, sua voz será ouvida pelo mundo inteiro".

Há muito tempo, Santa Brígida tinha pedido ao Senhor para lhe revelar o número de pancadas sofridas em Sua dolorosa Paixão. Certo dia, dia apareceu o Salvador e lhe disse: "Recebi em meu corpo 5.480 pancadas. Querendo venerá-las, reze todos os dias, durante um ano, quinze Pai nossos e quinze Ave Marias e mais as orações seguintes". Ele ensinou a Santa Brígida as quinze orações. Passado este ano, venerou cada uma destas 5.480 feridas. E o Salvador disse então ainda: "Quem rezar estas orações diariamente durante um ano, livrará do purgatório quinze almas do seu parentesco; quinze almas justas do seu parentesco receberão a graça da perseverança e quinze pecadores do seu parentesco se converterão. A própria pessoa que as reza, alcançará os primeiros graus da perfeição e quinze dias antes da sua morte dar-lhe-ei o meu precioso Corpo, para ficar preservada da fome eterna; dar-lhe-ei de beber meu precioso Sangue para ficar preservada da sede eterna. E quinze dias antes da sua morte, receberá contrição profunda e grande conhecimento dos seus pecados. Colocarei o sinal da minha cruz vitoriosa entre ela e o Maligno para que fique preservada das suas ciladas. Antes da sua morte, chegarei em companhia de minha muito cara e bem-amada Mãe, receberei sua alma com clemência e introduzirei no gozo eterno. No céu receberá um conhecimento especial da minha Divindade, que não transmitirei àqueles que não rezam estas orações".

Mesmo que alguém tivesse passado trinta anos em pecado mortal, logo que reza estas orações ou faz o propósito de rezá-las, o Senhor lhe perdoará todos os seus pecados e lhe defenderá contra todas as tentações. Ele proteja seus cinco sentidos e o preserva de uma morte repentina e imprevista, e sua alma da condenação eterna. E tudo que deseja de Deus e da SS. Virgem lhe será concedido. Quem também ensinar estas orações a outros, receberá alegrias e recompensas eternas. No lugar onde se rezam estas orações, Deus está presente com Sua graça. Todos estes privilégios foram prometidos pelo Salvador Crucificado a Santa Brígida. Aquele crucifixo ainda hoje é venerado na Basílica de São Paulo Fora dos Muros, em Roma.

Estas orações e promessas foram impressas em Toulouse, publicadas por Pe. Adrien Parvillers, S.J., missionário apostólico na Terra Santa, com a licença e a recomendação de propagá-las. O Papa

Pio IX tomou conhecimento destas orações. Ele as confirmou em 31 de maio de 1862 e as julgou verdadeiras, pois trazem benefícios e o bem das almas. Esse reconhecimento do Papa foi confirmado por Deus pela realização das promessas em favor de todas as pessoas que tinham rezado as orações e por meio de inúmeros fatos e sinais pelos quais Deus queria mostrar que realmente provinham d'Ele.

Deve-se evitar deixar de recitar as orações. Mas se houver um impedimento sério que faça com que as orações algum dia não possam de modo nenhum ser rezadas, não se perdem suas graças, quando as 5.480 orações forem recitadas durante o ano. Devem ser feitas com muita devoção, pensando-se naquilo que se reza. Poderão ser rezadas ao se recitar a Via sacra.

III
OS SETE PAI-NOSSOS

O divino Salvador também manifestou a Santa Brígida a seguinte promessa: "Saibam que darei cinco graças àqueles que rezarem sete Pai nossos e sete Ave Marias em honra do meu preciosíssimo sangue durante doze anos. Receberão as seguintes graças:

1. Não terão que passar pelo purgatório.
2. Vou recebê-los no coro dos mártires como se tivessem derramado o seu sangue pela fé.
3. Conservarei três almas dos seus parentes na graça santificante conforme sua escolha.

4. As almas dos seus parentes até o quarto grau escaparão do inferno.
5. Terão conhecimento da hora de sua morte um mês antes de acontecer.
6. Se, por acaso, morrerem antes dos doze anos completos, irei julgar como se as condições estivessem cumpridas".

O Papa Inocêncio X confirmou esta revelação e acrescentou que as almas cumpridoras das condições libertarão cada Sexta-feira Santa uma alma do purgatório. A esta devoção, facilmente, se unirá a veneração e o oferecimento das santas chagas do nosso Salvador, pois de Suas chagas brotou o precioso Sangue. O Redentor recomendou este exercício à Irmã Maria Marta Chambon e lhe deu grandes promessas a seu respeito.

Recomenda-se acrescentar aos sete Pai nossos as seguintes orações:

Oração inicial

Ó Jesus, agora quero rezar sete vezes o Pai nosso, unido àquele amor com que Vós santificastes e dulcificastes no Vosso Coração esta prece. Aceitai-os dos meus lábios para o Vosso divino Coração, melhorai e aperfeiçoai-os tanto que eles promovam tanta honra e glória à Santíssima Trindade como Vós a oferecestes por esta oração. E esta honra e glória transborde para Vossa santíssima natureza humana, a fim de glorificar Vossas santas chagas e o preciosíssimo sangue que derramastes.

Durante os Pai nossos, medita-se cada mistério rezando-se, em seguida, o oferecimento.

1. A circuncisão de Jesus
Pai nosso...

Pai eterno, pelas mãos imaculadas de Maria e pelo divino Coração de Jesus, ofereço-

Vos a primeira ferida, as primeiras dores e o primeiro derramamento do sangue de Jesus como reparação dos meus pecados e dos de todas as pessoas durante a juventude. Que seja prevenção dos pecados graves, principalmente entre os meus familiares.

2. *O suor de sangue*
Pai nosso...

Pai eterno, pelas mãos imaculadas de Maria e pelo divino Coração de Jesus, ofereço-Vos os horríveis tormentos de Jesus no Horto das Oliveiras e cada gota do Seu suor de sangue como reparação dos meus pecados e dos de todas as pessoas. Que seja prevenção de tais pecados e faça crescer meu amor a Deus e ao próximo.

3. *A flagelação*
Pai nosso...

Pai eterno, pelas mãos imaculadas de Maria e pelo divino Coração de Jesus, ofereço-Vos as milhares de feridas, as dores cruéis e o preciosíssimo sangue de Jesus derramado na flagelação como reparação dos meus pecados da carne e dos de todas as pessoas. Que seja prevenção de tais pecados e conserve a pureza, principalmente em meus familiares.

4. A coroação de espinhos
Pai nosso...

Pai eterno, pelas mãos imaculadas de Maria e pelo divino Coração de Jesus, ofereço-Vos as feridas, as dores e o precioso sangue da santa cabeça de Jesus, derramado na coroação de espinhos como reparação de meus pecados em espírito e dos de todos os homens, Que seja prevenção de tais pecados e pela expansão do Reino de Cristo na terra.

5. *O caminho da cruz*
Pai nosso...

Pai eterno, pelas mãos imaculadas de Maria e pelo divino Coração de Jesus, ofereço-Vos os sofrimentos de Jesus em sua Via Sacra em particular a santa chaga do ombro e seu precioso sangue como reparação de minha revolta e daquela de todas as pessoas contra a cruz, de minha murmuração contra as determinações de Vossa santa vontade e de todos os outros pecados da língua. Que seja prevenção de tais pecados e possa obter verdadeiro amor à cruz.

6. *Crucificação de Jesus*
Pai nosso...

Pai eterno, pelas mãos imaculadas de Maria e pelo divino Coração de Jesus, ofereço-Vos o Vosso divino Filho crucificado, Sua elevação na cruz, Suas chagas das mãos e pés e as três torrentes de

Seu santíssimo sangue derramado por nós. Ofereço Sua extrema pobreza, Sua obediência, todos os Seus tormentos do corpo e da alma, Sua morte preciosa e a sua renovação incruenta em todas as santas missas do mundo inteiro como reparação de todas as transgressões dos santos votos e regras das Ordens e Congregações religiosas, dos meus pecados e aqueles do mundo inteiro, em favor dos doentes e moribundos, para que haja santos sacerdotes e leigos, pelas intenções do Santo Padre, para a restauração das famílias cristãs, para fortaleza na fé, por nossa pátria e a união dos povos em Cristo e Sua Igreja em todas as partes do mundo.

7. *A abertura do santo lado de Jesus*
Pai nosso...

Pai eterno, dignai-Vos aceitar pelas necessidades da santa Igreja e como reparação dos pecados de todos as pessoas, o preciosíssimo sangue e água que emanaram da chaga do divino Coração de Jesus.

Sede clemente e misericordioso para conosco. Sangue de Cristo, último e preciosíssimo tesouro do Seu Sagrado Coração, purificai-me de todas as culpas; água do lado de Cristo, livrai-me de todos os castigos e das chamas do purgatório. Também reza pelas almas do purgatório. Amém

Dia 8 de outubro: Santa Brígida da Suécia

(nascida em 1303 em Finstad;
falecida aos 23/07/1373, em Roma)

Sua terra natal foi a Suécia. Apesar de ter passado a metade de sua vida em Roma, nunca se esqueceu de sua "terra no norte", com suas montanhas, suas lagoas escuras, seus campos de trigo e sua floresta, que aparecem em seus escritos. Ela amava a natureza. Os romanos a respeitaram, mas não a compreenderam.

Brígida nasceu no ano de 1303, tendo sido a sétima filha do prefeito Birger e de sua esposa Ingeborg Sigride, no castelo de Finstad, próximo a Upsala. Sua família era nobre e abastada. Nada faltava em sua casa, e ela se orgulhava da sua origem. Dos pais ela aprendeu a dominar seu temperamento bem forte. Seu pai fez uma romaria a Santiago de Compostela, Roma e Jerusalém. Ele jejuava e se confessava todas as sextas-feiras. Também sua esposa, Ingeborg, era muito piedosa.

Sua mãe já havia falecido quando ocorreu o evento que mudou o rumo de sua vida. Uma pregação sobre a Paixão de Cristo comoveu profundamente o coração da menina Brígida, tendo ela nove anos de idade. Ela passou uma noite ajoelhada e chorando, e tremendo de frio, diante de um crucifixo. A voz do Crucificado lhe falou: "Veja como fui maltratado!". Assustada, ela clamou: "Senhor, quem te fez isto?". Cristo lhe respondeu: "Fizeram aqueles que rejeitaram a mim e o meu amor".

Aos 14 anos de idade, ela atendeu o pedido de seu pai e se casou com o conde Ulf Gudmarson, que tinha 18 anos de idade. Ela assumiu as obrigações de uma dona de casa, esposa e mãe, deu à luz a quatro filhos e quatro filhas. Brígida passou pelas alegrias e pelos sofrimentos de uma mãe, continuando a conduzir uma vida piedosa. Também seu marido era homem religioso. O casal pertencia à Ordem Terceira Franciscana. Os dois rezavam e jejuavam juntos, faziam penitência, construíram hospitais, alimenvam diariamente doze pobres, recebidos à sua mesa. Liam juntos a Bíblia, na nova tradução sueca feita por seu confessor, Matias de Linköping. Também assumiram cargos públicos de importância, administrando-os com muita responsabilidade. Mais tarde, o casal fez uma peregrinação para Drontheim, ao sepulcro de Santo Olaf, rei da Suécia. Visitaram o ilustre santuário do apóstolo Tiago, em Compostela, prestaram homenagem às relíquias dos Reis Magos em Colônia, visitaram o sepulcro da Santa Marta em Tarascon, e o santuário da Santa Maria Madalena em Marseille.

Seu marido foi curado de uma grave doença. Motivado por essa cura, fez votos de retirar-se para o Mosteiro de Alvastra. Brígida concordou. Ele viveria ainda por quatro anos, tendo sido sepultado, fiel a seu voto, com o hábito monástico.

Brígida, agora viúva, distribuiu os seus haveres, mantendo apenas o que lhe era necessário. Vivia perto do túmulo de seu marido, em um edifício pertencente ao mosteiro. Longe do barulho do mundo, no silêncio e meditações, ouvia a voz do Onipotente. Recebeu as primeiras revelações, que se prolongaram até a sua morte. Obedecendo à ordem recebida de Cristo, escreveu em sua língua materna tudo o que ouviu. Empregando uma linguagem poética, cheia de imagens e parábolas, vê a vida confusa de seu povo, seu passado e futuro; vê as desgraças da Igreja; a vida de Jesus, de Belém ao Gólgota. Durante muito tempo, ela tem dúvidas, ignorando se as suas visões partiam de Deus ou do diabo. Repetia muitas vezes esta oração: "Meu corpo é como um pequeno jumento desenfreado, e minha vontade é como um pássaro selvagem. Ponde freio ao animal desenfreado, e detém o pássaro selvagem!".

Certa vez, motivada por suas revelações, dirigiu-se ao Conselho real e advertiu o rei. Todos riram dela. Mas em pouco tempo sua profecia se realizou. Surgiram guerras e assassinatos, e a família real desapareceu. As visões mandaram que ela fundasse a Ordem do Sacratíssimo Salvador, e que ela transformasse a antiga propriedade real em um mosteiro. Escrevia tudo que ouvia nas visões. Em seguida, foi à Roma para ver o Papa e o Imperador, querendo pedir autorização para sua fundação.

Chegando em Roma, Brígida ficou muito espantada. Havia rebanhos de cabras fora e dentro da Basílica de São Pedro, o Papa residia em Avinhão, nas ruas de Roma havia guerra e conflito das famílias Orsini e Colonna, os peregrinos estavam em constante perigo. Brígida sofreu muito com aquilo que viu. Ela já vivia a regra de sua futura fundação, visitava, diariamente os túmulos dos apóstolos e mártires.

Enviou várias mensagens ao Papa Clemente VI, e lhe comunicou a ordem de Deus para que ele voltasse a Roma, a cidade dos papas. O Papa não a atendeu. Somente anos depois, Urbano V regressou a Roma e reconheceu a fundação da profetiza do norte. Mas, três anos mais tarde, voltou para Avinhão. Passaram-se anos até que voltasse a Roma definitivamente. Foi outra visionária que colaborou para que isso acontecesse: Catarina de Siena.

Uma peste aniquilou metade da população da Itália. Brígida preocupou-se com os doentes, visitou muitos deles em suas casas, levando-os aos hospitais, operando mesmo obras milagrosas.

No ano jubilar de 1350, cuidou dos peregrinos da Suécia que vieram visitar Roma. Muitos deles chegaram a Roma sem meios para sobreviverem, cansados e exaustos. Seus três filhos vieram visitar sua mãe: Birger, Carlos e sua filha Catarina, que chamou a atenção dos romanos por causa de sua beleza. Carlos faleceu, vítima de uma febre, em Nápoles. Acompanhada por Birger e Catarina, Brígida visitou a Terra Santa. Era o final de uma vida dedicada ao Reino de Deus.

Na Suécia fundou-se o mosteiro de Vadstena. Brígida não chegou a vê-lo. Voltando a Roma em 1373, estando exausta, permaneceu em sua residência. Passou por fortes provações de fé. Cristo lhe apareceu e confortou, colocando uma aliança em seu dedo enquanto o coro dos anjos cantava louvores a Deus. Na mesma visão, viu-se vestida com um hábito de religiosa.

Unida a Deus em suas visões, com seus filhos a seu lado, despediu-se deste mundo no dia 23 de julho de 1373.

Livros de Oração

"Crê no Senhor Jesus, e serás salvo tu e tua família"

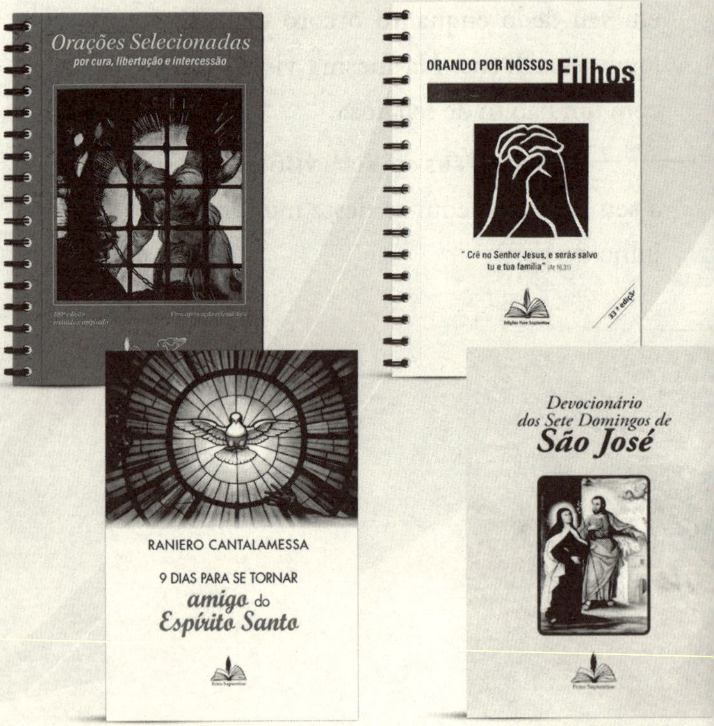

Orações Selecionadas
por cura, libertação e intercessão
ORANDO POR NOSSOS Filhos
" Crê no Senhor Jesus, e serás salvo tu e tua família"
33ª edição
RANIERO CANTALAMESSA
9 DIAS PARA SE TORNAR
amigo do
Espírito Santo
Devocionário
dos Sete Domingos de
São José

À venda nas boas livrarias